JACQUES BONHOMME

HISTOIRE

DES

PAYSANS FRANÇAIS

PAR J.-B. JOUANCOUX

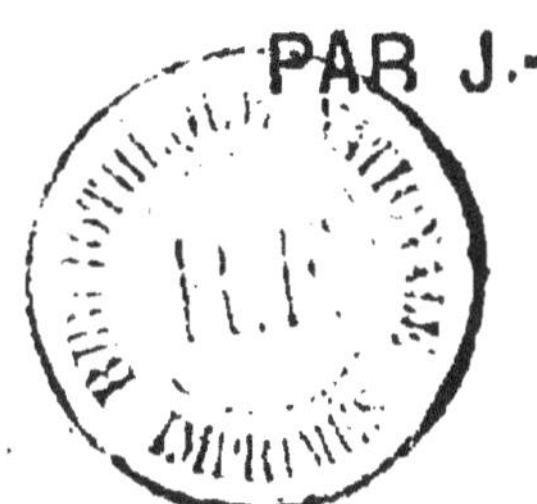

« Le progrès des masses populaires vers la
« liberté et le bien-être est plus imposant que
« la marche des faiseurs de conquêtes, et leurs
« misères plus touchantes que celles des rois
« dépossédés. »

Aug. THIERRY.

PREMIÈRE PARTIE

PARIS

SOCIÉTÉ D'INSTRUCTION RÉPUBLICAINE
RUE SAINT-JACQUES, 161

ARMAND LE CHEVALIER, ÉDITEUR
RUE DE RICHELIEU, 61

ERNEST LEROUX, ÉDITEUR
RUE BONAPARTE, 24

GERMER-BAILLIÈRE, ÉDITEUR
RUE DE L'ÉCOLE-DE-MÉDECINE, 17

1873

DÉCHÉANCE
DE NAPOLÉON III ET DE SA DYNASTIE

Votée par l'Assemblée nationale, à l'unanimité, moins 6 voix

Dans sa séance du 1er mars 1871

« L'Assemblée nationale clôt l'incident, et dans les circonstances douloureuses que traverse la patrie et en face de protestations et de réserves inattendues, confirme la déchéance de Napoléon III et de sa dynastie, déjà prononcée par le suffrage universel, et le déclare responsable de la ruine, de l'invasion et du démembrement de la France.»

BROCHURES D'INSTRUCTION RÉPUBLICAINE
à 5 centimes.

Nº 1. **Les Napoléon et les frontières de la France**, par Henri Martin, député de l'Aisne.

Nº 2. **Le Filleul du pape**, par P. Joigneaux, membre de l'Assemblée nationale.

Nº 3. **L'Empire et les municipalités**, par Pierre Lefranc, député des Pyrénées-Orientales.

Nº 4. **Qui a voulu la guerre de 1870 ?** par Adolphe Michel, rédacteur du *Siècle*.

Nº 5. **Les Finances du second Empire**, par Guichard, député de l'Yonne.

Nº 6. **Ce que serait un nouvel Empire**, par H. Carnot, député de Seine-et-Oise.

Nº 7. **La Guerre du Mexique**, par Taxile Delord, député de Vaucluse.

POUR PARAITRE INCESSAMMENT :

Ce qu'ont fait les bonapartistes, par un Alsacien.

L'Opposition et la Guerre de 1870, par Adolphe Michel.

L'Empereur a-t-il été trahi ? par Elie Sorin.

La Police impériale, par Eug. Pelletan, député des Bouches-du-Rhône).

L'Empire et la candidature officielle, par W. Gagneur, député du Jura.

CONDITIONS DE PROPAGANDE :

Au-dessus de 100 exemplaires, les Brochures sont envoyées franc de port.

Pour renseignements, s'adresser à M. Aug. MARAIS, 161, rue Saint-Jacques.

  **N° 15.**

SOCIÉTÉ D'INSTRUCTION RÉPUBLICAINE

JACQUES BONHOMME

HISTOIRE DES PAYSANS FRANÇAIS

Par J. B. JOUANCOUX

Première partie

PARIS

SOCIÉTÉ D'INSTRUCTION RÉPUBLICAINE,
rue Saint-Jacques, 161,

ARMAND LE CHEVALIER, éditeur, 61, rue de Richelieu

ERNEST LEROUX, éditeur, 24 rue Bonaparte

GERMER–BAILLIÈRE, 17, rue de l'École-de-Médecine

1873

A JACQUES BONHOMME

PAYSAN FRANÇAIS

Ancien esclave, ancien serf, ancien vilain et roturier, ci-devant sujet du roi, ex-taillable à merci de la monarchie, aujourd'hui libre, citoyen, contribuable, propriétaire, souverain, électeur et éligible, etc., etc.

Jacques,

Mon but, en te dédiant ces quelques pages, n'est point de te flatter, comme faisaient autrefois pour les rois les écrivains qui leur dédiaient leurs livres afin d'en obtenir des pensions ou des gratifications; je n'ai besoin, grâce à Dieu, ni de pension, ni de gratification. Je crois d'ailleurs que tu te soucies fort médiocrement d'être flatté, et je ne me soucie pas davantage de faire ce vilain métier. Je veux seulement te dire dans quelle intention j'ai esquissé ton histoire.

Je me suis proposé tout d'abord de te montrer quelle a été, dans le passé, ta condition d'existence, et de t'indiquer comment elle s'est peu à peu améliorée pour devenir ce qu'elle est aujourd'hui. Tu verras ce qu'ont été la conquête de la Gaule par les Franks, l'établissement de la monarchie française, les conditions sociales des masses d'hommes sous la féodalité; le rôle qu'ont joué, dans notre histoire, le clergé, les nobles, les rois, la bourgeoisie et le peuple; tu connaîtras enfin l'état de la France avant 89, et les divers régimes politiques qui se sont succédé depuis cette époque. La simple considération des faits te donnera ainsi une notion aussi nette que précise de la marche du progrès sous ses différentes formes ; elle te fera surtout comprendre que la révolution de 89 était nécessaire, inévitable, fatale, et qu'elle fut aussi juste dans ses causes que bienfaisante dans ses résultats (1).

Ton histoire aura encore l'avantage de te montrer clairement, afin que tu puisses les éviter à l'avenir, les bévues et les fautes que tu as faites dans le passé, surtout depuis quatre-vingts ans. L'histoire est l'école de l'expérience ; et l'expérience, tu le sais, est la meilleure institutrice des individus et des peuples. L'instruction, d'ailleurs, éclaire l'esprit, fortifie l'âme, élève les sentiments et donne ces fermes convictions d'où sortent les volontés longues et persévérantes. Apprends donc, Jacques, les choses que tu dois savoir pour devenir plus confiant dans le triomphe du droit, plus capable d'exercer dignement ta souveraineté dans l'intérêt sacré et indissoluble de l'ordre et du progrès, de la justice et de la liberté, c'est-à-dire des institutions républicaines qui, par la raison qu'elles en constituent seules l'expression et la mise en pratique, peuvent seules aussi fermer l'ère des révolutions violentes, donner satisfaction à tous les intérêts légitimes, assurer au pays le calme dont il a tant besoin, réaliser la stabilité qu'il cherche en vain depuis quatre-vingts ans, relever la patrie de ses désastres moraux et matériels, et replacer bientôt la France à la tête des nations.

(1) « La révolution de 89 a été faite pour qu'il n'y eût dans la « nation que la nation elle-même, la nation une, vivant tout « entière sous une même loi, supportant les mêmes charges, « jouissant des mêmes avantages.... En agissant ainsi, elle a « établi sur la base de la justice sociale l'existence de tous, et « ses principes ont envahi le monde, parce qu'ils n'étaient autre « chose que cette *justice sociale* appliquée la première fois sur « la terre. » (*Mess. du Président de la République française,* 14 Novembre 1872.)

CHAPITRE 1ᵉʳ

LA GAULE. — LES ROMAINS. — L'INVASION DES FRANKS : LA CONQUÊTE ET SES CONSÉQUENCES. — LA MONARCHIE FRANÇAISE : CLOVIS ET SES SUCCESSEURS. — CHARLEMAGNE. — LA FÉODALITÉ : MISÈRES ET RÉVOLTES DES PAYSANS.

Jacques Bonhomme est le nom des paysans français au moyen âge. Quand le paysan, serf ou vilain (1), était écrasé d'impôts pour le roi, de redevances et de corvées pour les seigneurs, ceux-ci disaient en plaisantant : « Bonhomme crie, mais Bonhomme paiera » (2). Ce nom-là lui est resté dans l'histoire, et je le lui laisserai en faisant la sienne d'après des documents et des autorités qu'il serait trop long de citer, mais que je m'engage à indiquer à première réquisition.

Le pays que Jacques habite depuis les temps les plus reculés s'appelait autrefois la *Gaule*, un pays magnifique, ma foi, baigné par deux mers, fertile en blé, en vin, en huile, couvert de belles forêts, arrosé par de grands fleuves, sillonné d'une multitude de cours d'eau, capable de produire tout ce qui est nécessaire à la vie et aux agréments de la vie. Les

(1) *Villain*, substantif, vient du mot latin *villanus*, habitant d'une *métairie*, en latin *villa*. Du sens de *paysan, fermier, métayer*, est venu celui de *grossier, sale, laid, vil*; d'où, dans la suite, l'adjectif *vilain*, qui n'a certainement pas pris naissance dans les campagnes.

(2) « Nobiles, de rusticis et simplicibus derisionem facientes, vocabant eos *Jacques Bonhomme*. » (*Chron. de Guill. de Nangis.*)

ancêtres de Jacques étaient renommés, dans l'antiquité, pour la force et la beauté de leurs corps et leur bravoure dans les combats ; c'est avec eux, et grâce à eux, qu'Annibal infligea aux Romains les terribles désastres de Trasimène et de Cannes. Mais un jour ces mêmes Romains pénétrèrent en Gaule, dans la vallée du Rhône, et s'y établirent. Le pays leur sembla riche, et, cent ans après, César arrivait avec ses légions redoutables pour en faire la conquête entière (58 ans avant J.-C.).

Jacques courut aux armes, combattit vaillamment, brûla les récoltes, les provisions, les villages pour affamer l'ennemi, mais ne put résister à la discipline romaine. L'*imperator César* avait volontiers recours à la terreur, massacrait par milliers les vieillards, les femmes, les enfants, et égorgeait ou mutilait sans pitié les prisonniers. Quand Jacques vit que le conquérant avait pris de force 800 villes, tué dans les batailles un millon d'hommes et réduit un autre million en captivité, il comprit que toute résistance était inutile et se soumit aux lois du vainqueur.

La guerre avait duré dix ans...

Jacques était esclave avant l'arrivée des Romains : esclave il resta après. Le joug de ses nouveaux maîtres était du reste assez doux, et leur administration tolérable. Il accepta donc leurs lois, leurs juges, et apprit même si facilement leur langue que, cent ans après la conquête, les femmes et les enfants chantaient des chansons latines.

Il y avait alors dans les campagnes de vastes établissements, des fermes très-grandes qu'on appelait *villæ*. Une *villa* était tout à la fois une exploitation agricole et une maison de maître pour le propriétaire des vastes domaines qui l'entouraient. Jacques travaillait à la ferme, labourait, tissait, maçonnait.

forgeait, et logeait soit dans les bâtiments ruraux qui en dépendaient, soit dans des cabanes élevées près de là (1). Il appartenait au propriétire, lui et son travail, absolument comme un mulet ou un cheval, sa femme et ses enfants comme une génisse ou des poulains.

Jacques entendit d'assez bonne heure parler d'une religion nouvelle qui faisait de grands progrès dans les villes. Cette religion, avec son Dieu crucifié, lui parut d'abord singulière; mais comme sa morale était pure et consolante, les missionnaires courageux et vénérables, il se laissa peu à peu, mais non sans quelque difficulté, convertir au christianisme.

Un jour il se fit, du côté du nord, un grand bruit d'armes et de chevaux : c'était vers la fin du ve siècle. Des guerriers inconnus venaient fondre sur la Gaule. Leur aspect était étrange et terrible, leur courage extraordinaire, leur caractère plein de férocité. Ils battirent facilement les Romains, puis les Visigoths et les Bourguignons, qui déjà avaient pris sur les Romains une partie du pays de Jacques, et se rendirent bientôt maîtres de la Gaule entière. Jacques ne bougea pas : n'ayant rien, il ne pouvait rien perdre. Il eut seulement sous les yeux un spectacle qui l'étonna beaucoup. Les conquérants, dont il ne comprenait pas la langue, entraient dans les *villas*, s'y installaient après en avoir chassé les maîtres, se partageaient l'argent, les provisions, les meubles, les terres, les instruments agricoles, les bestiaux, et puis faisaient travailler les esclaves à leur profit, comme s'ils étaient légitimes propriétaires de tout depuis la

____

(1) C'est là l'origine d'une foule de villages du nord de la France, dont nous vient le mot *villa*, ajouté au nom du propriétaire gallo-romain ou frank, selon les époques. *Bernaville* est *Bernardi villa*; *Abbeville*, *Abbatis villa*, etc.

création du monde. Quand Jacques demanda au clergé ce que signifiait tout cela, il apprit que les conqué··nts, ses nouveaux maîtres, s'appelaient les *Franks*; qu'ils venaient de bien loin, d'un pays bien moins favorisé par la nature que la Gaule, de la sombre et inféconde Germanie; qu'il fallait les respecter parce que leur roi était le protecteur de la religion orthodoxe, obéir à ses guerriers parce qu'ils étaient invincibles. Jacques crut tout ce qu'on lui dit, sans même remarquer que les évêques se faisaient donner, à eux et à leurs églises, de l'or, des meubles précieux, de beaux domaines, et prenaient bonne part aux dépouilles des vaincus....

C'est cette conquête violente du pays, cette spoliation des Gaulois par les Franks, ce pillage des richesses, ce partage des terres, cette appropriation des instruments agricoles, des bâtiments ruraux, des *villas* et des esclaves, ce ravage des villes et des campagnes, cette anarchie et cette terreur, cette sujétion des vaincus aux vainqueurs, que les historiens monarchiques appellent la *fondation de la monarchie française par Clovis*. Belle fondation, en vérité! Et encore manque-t-il à ce tableau les crimes par lesquels Clovis se débarrassa des chefs franks, rois des Ripuaires, de Tournay, de Cambray, du Mans, la plupart ses proches parents, qui périrent assassinés par ses ordres ou à son instigation..... (1)

(1) Clovis parla ainsi de ses parents qu'il avait tués : « Malheur à moi, qui suis resté comme un voyageur au milieu des étrangers! Je n'ai pas de parents qui puissent me secourir, si l'adversité m'arrive. » Mais il disait cela par ruse, et non par douleur de leur mort, pour voir si, par hasard, il pourrait encore trouver un parent, *afin de le tuer.* » (Grégoire de Tours,)

Le fait de l'invasion et de la conquête, suivi de l'établissement de la monarchie, est un fait immense; ses conséquences dominent toute notre histoire jusqu'en 1789. Il établit la sujétion des *vaincus* aux *vainqueurs*, des *Gaulois* aux *Franks*, fit de ces derniers des maîtres, des propriétaires du sol, les véritables ancêtres des petits tyrans de la féodalité (1). Quant à la société romaine, *elle fut détruite, vraiment détruite en Gaule* (2). Dans cet affreux bouleversement des situations, une seule chose changea pour Jacques, ce fut sa qualification. Avant l'invasion des Franks, on l'appelait *Romain (Romanus)*; après, on le nomma *lite* ou *villain (litus seu villanus)*; c'est-à-dire homme à qui l'on faisait la grâce de vivre pour travailler au profit des conquérants. Quant à sa condition d'existence, elle ne fut nullement changée. Il continua de travailler pour nourrir, chauffer et vêtir ses nouveaux maîtres, qui, eux, se reposaient ou allaient, avec le roi ou un duc, faire au loin des expéditions, et revenaient ensuite avec leur part de butin, de l'or, de l'argent, des bijoux, des chariots chargés de meubles précieux et suivis de longues files d'esclaves des deux sexes.

Si Jacques avait connu la qualification de *partageux*, qu'on a donnée de nos jours à certains de ses descendants qui n'ont rien partagé du tout, il l'aurait sans doute et avec juste raison appliquée à ses nouveaux maîtres, ducs et comtes, qui se sont livrés

(1) « Treize siècles se sont employés parmi nous à fondre dans « une même nation les *Franks* et les *Gaulois*, la race conqué- « rante et la race conquise, les *vainqueurs* et les *vaincus*. La « division primitive a traversé le cours des âges et s'est con- « tinuée sous toutes les formes. » (Guizot, *Du gouv. de la Fr.*)
(2) Guizot, *Hist. de la civil. en Fr.*

pendant plus de cinquante ans à un partage effréné(1). Il y avait bien alors des rois; mais, partageux eux-mêmes, il ne se souciaient guère de justice ou d'administration ; ils ne connaissaient que la violence et la force. En vain les évêques et les moines, hommes d'énergie et de bon conseil, essayaient d'adoucir les guerriers sauvages ; ils s'empoisonnaient ou s'assassinaient entre proches parents pour avoir un plus grand royaume, plus de richesses, plus de concubines avec leur femme légitime, et, ce qui procurait tout cela, des compagnons d'armes nombreux, résolus, toujours prêts à entreprendre des expéditions aventureuses et lucratives.

Comme le lecteur pourrait croire que j'exagère les choses et que je calomnie les rois et leurs compagnons d'armes, je vais mettre sous ses yeux des faits appuyés sur des témoignages incontestables. C'est d'abord une scène que j'emprunte à un évêque, à l'illustre Grégoire de Tours, le Tacite de cette horrible époque, puis le récit succinct d'une expédition royale dans le centre de la Gaule:

« Clotaire et Childebert firent dire à Clotilde qui
« nourrissait les trois fils de Clodomir : « Envoie-
« nous les enfants, afin qu'ils soient élevés à la
« royauté. » Et, quand ils les eurent reçus, ils lui
« députèrent Arcadius qui, montrant à la reine des
« ciseaux et une épée : « O reine très-glorieuse, dit-
« il, tes fils attendent ta volonté sur ce qu'ils doivent
« faire des enfants; ils demandent donc si tu or-
« donnes qu'ils vivent avec les cheveux coupés ou
« qu'ils soient égorgés. » Celle-ci, effrayée et ne sa-

(1) « Ils prenaient l'or, l'argent, les meubles, les vêtements, « les hommes, les femmes, les garçons : le tout se rapportait en « commun, et l'armée *partageait.* » (Montesquieu, *Esprit des Lois.*)

« chant ce qu'elle disait : « J'aime mieux, s'écria-
« t-elle, les voir morts que tondus. » Arcadius revint
« diligemment et dit : « Achevez votre œuvre avec
« l'approbation de la reine. » Aussitôt Clotaire, pre-
« nant l'aîné des enfants par le bras, le jeta à terre,
« et, lui enfonçant son couteau dans l'aisselle, le tua
« cruellement. Comme il criait, son frère se pros-
« terna aux pieds de Childebert et, prenant ses ge-
« noux, lui disait avec larmes : « Secours-moi ; que
« je ne meure pas comme mon frère. » Alors Chil-
« debert, la face couverte de pleurs, dit : « Je te
« prie, mon cher frère, accorde-moi sa vie, et je te
« donnerai ce que tu voudras. — Rejette-le, répondit
« Clotaire, ou tu mourras pour lui. C'est toi qui as
« commencé toute cette affaire, et tu dénies si vite
« ta parole ! » Childebert, repoussant l'enfant, le
« jeta à Clotaire, qui lui enfonça le couteau dans le
« côté et le tua. Ensuite ils massacrèrent les servi-
« teurs et les nourrices des enfants ; mais ils ne
« purent prendre le troisième, parce qu'il fut délivré
« par des hommes puissants. Celui-ci, dédaignant
« un royaume terrestre, passa au Seigneur et mourut
« prêtre : ce fut saint Clodoald ou saint Cloud. »

Je ne sais si le lecteur partagera l'impression que
j'éprouve en transcrivant ce récit de Grégoire de
Tours ; mais, quant à moi, il me rappelle les plus
odieux, mais aussi les plus vulgaires parmi les
odieux assassins que l'on voit de temps en temps
s'asseoir sur les bancs de nos cours d'assises. Encore
est-il à remarquer que les victimes de ces gens-là
ne sont pas d'ordinaire leurs parents, tandis que les
fils de Clovis assassinaient leurs propres neveux et
jusqu'aux serviteurs et nourrices de ces malheureux
enfants. Nos rois légitimes se vantaient de descendre
de Clovis et de ses successeurs : ce sont là des aïeux

dont Jacques, j'en suis bien sûr, ne serait pas très-glorieux.

Les guerriers Franks, qui étaient arrivés en Gaule *couverts de peaux* de bêtes, et ne possédant que leur framée, avaient été promptement saisis de l'avidité des richesses et violemment épris des jouissances du luxe (1). Ils étaient donc toujours prêts à faire des expéditions de pillage Un jour le roi Théodoric dit à ses guerriers : « *Suivez-moi dans le pays des Arvernes,* « *et je vous y ferai prendre de l or, de l argent, des trou-* « *peaux, des esclaves* » (2). Ils arrivent et commencent à ravager et à détruire, « n'épargnant pas même les « monastères ni les églises » (3). Puis ils brûlent, saccagent et pillent les villes, les campagnes et les lieux fortifiés. « Rien ne fut laissé aux habitants, si « ce n'est la terre que les barbares ne pouvaient em- « porter » (4). L'expédition terminée et le riche butin partagé, le roi Théodoric et ses compagnons reprirent la route du nord, suivis de longues files de chariots et emmenant une foule de prisonniers de toute condition et de tout âge, parmi lesquels se trouvaient « de beaux jeunes hommes et de belles « jeunes filles les mains liées derrière le dos, qu'ils « vendaient dans les lieux où ils passaient» (5). Jacques s'est plaint avec raison des spoliations, des ravages, des cruautés gratuites des Prussiens en 1870;

(1) « Les rois franks campaient ou se promenaient à travers « les villes de la Gaule, pillant partout, *sans autre idée que* « *d'amasser beaucoup de richesses, d'avoir de beaux habits,* « *de beaux chevaux, de belles femmes.* » (Aug. Thierry, *Lettres sur l'hist. de Fr.*)

(2) Grégoire de Tours.

(3) Ap. script. Ex vita sancti Austremonii.

(4) *Ibid.* Ex chronica Hugonis.

(5) *Ibid.* Ex vita sancti Fidelini.

les rois et leurs compagnons d'armes, ducs, comtes
et simples guerriers étaient, au vi^e siècle, plus terribles et plus pillards que les Prussiens de nos
jours.

La conversion des rois au christianisme ne leur
donna pas plus de respect pour la morale que pour
la propriété : « La promiscuité la plus complète
« règne parmi les Mérovingiens; ils ont des
« femmes qu'ils épousent ecclésiastiquement et
« qui sont reconnues légitimes et déclarées reines;
« des femmes qui, pour être mariées ecclésiastique-
« ment, portent aussi par tolérance le nom de *reines*,
« mais qui ne sont point réputées légitimes, et de
« simples favorites en nombre illimité, qui ne por-
« tent aucun titre, mais qui peuvent toujours de-
« venir reines.... L'ambition de supplanter les
« reines légitimes engageait des luttes implacables
« entre les femmes du sérail mérovingien, et la pay-
« sanne Frédégonde venait s'asseoir sur le trône de
« Clovis en marchant sur les cadavres d'Audowère
« et de Galswinthe » (1).

Je pourrais donner des détails, je me contente
d'un seul, emprunté à un historien monarchique :
« Dagobert répudia sa première femme et en eut
« jusqu'à trois dans le même temps, sans compter
« les concubines » (2).

Qu'a jamais su Jacques de l'invasion franke, de la
conquête de la Gaule et de ses conséquences? Rien.
Quant aux désordres et aux crimes de nos premiers
monarques, il les ignore encore aujourd'hui comme
il y a treize cents ans : l'histoire est restée pour lui
jusqu'à ce jour une véritable énigme, et, ce qui est
pire, une mystification.

(1) Ch. Louandre.
(2) *Hist. de Fr.* du Pr. Hénault.

Il y avait alors des hommes bien supérieurs aux rois en moralité et en bienfaisante influence. Ceux-là, Jacques les connaissait mieux, et les estimait avec raison beaucoup plus que les ducs, comtes, chefs de guerriers : c'étaient les évêques et les moines, dont le rôle mérite d'être signalé.

Les évêques s'opposaient, autant qu'ils le pouvaient, aux violences des Franks, usaient de leur influence pour protéger les habitants des villes, et tâchaient d'y conserver les pratiques de l'administration civile. Seuls, ils osaient parler au nom de la morale, et, parfois au péril de leur vie, reprocher aux rois leurs désordres et leurs violences : « Saint Dizier disait toujours aux fils de Clovis : « Je suis « prêt à mourir pour la justice.» Quand Brunehaut, « que saint Colomban était venu voir au manoir de « Boucherelle, lui présenta les quatre fils qu'avait « déjà Thierry de ses concubines : « Que me veu- « lent ces enfants? dit le moine. — Ce sont les fils « du roi, dit la vieille reine, fortifie-les par ta béné- « diction.— Non ! répondit Colomban, ils ne régne- « ront pas, car ils sortent d'un mauvais lieu » (1).

Quant aux moines, ils copiaient les manuscrits, tenaient école dans les couvents, avaient des ateliers dans l'enceinte de leurs retraites, et y conservaient les traditions industrielles. Les monastères étaient des lieux de prières, de travail et de refuge pour quiconque voulait fuir le désolant spectacle d'une société en proie aux abus de la force. Les moines, d'ailleurs, traitaient leurs esclaves avec beaucoup plus de ménagements que ne le faisaient les seigneurs franks, et rendaient d'immenses services à tous en opérant, par leurs colons, des défrichements

______

(1) Littré, *Études sur les Barbares.*

considérables. Jacques savait ou voyait tout cela : il avait donc pour les évêques et les moines une juste estime et un profond respect.

Ce n'était pas tout encore.

Les évêques et les moines envoyaient dans les campagnes des prêtres qui disaient que Christ était mort pour tous les hommes, riches et pauvres, esclaves et maîtres ; que tous étaient enfants de Dieu et frères ; que les peines d'ici-bas seraient comptées aux malheureux pour gagner le Ciel. Ces enseignements relevaient un peu Jacques dans sa propre estime, et le consolaient dans ses misères et ses fatigues ; c'était tout ce que les prêtres pouvaient faire pour lui ; ils le faisaient, et Jacques leur en était reconnaissant.

Les Franks tenaient de temps en temps des assemblées en plein air, dans un vaste champ ; ils y délibéraient sur leurs intérêts, et chacun d'eux donnait son avis. Jacques eut un jour l'idée d'y aller pour faire certaines réclamations ; mais, à son approche, un murmure de mépris s'éleva, et les gardes lui défendirent d'avancer en le menaçant du bois de leur lance. Force lui fut d'obéir. A son retour, il apprit d'un moine qu'il rencontra près de la *villa* voisine, que l'assemblée n'était composée que des *maîtres du territoire*, et par conséquent interdite aux *lites, personnes pauvres et viles.* Jacques baissa la tête avec douleur ; les conséquences de la conquête pesaient toujours sur les descendants des malheureux vaincus du ve siècle, et le temps, au lieu de combler l'abîme de maux et d'oppressions amenés par l'invasion, ne faisait que le creuser avec les siècles.

Rien ne fut changé à la condition d'existence de Jacques, ni à ses misères, ni à ses tribulations, ni à son humiliation pendant tout le cours du vi^e, du viie et du viiie siècles.

Il se trouva bien à la fin de ce dernier siècle, et dans les premières années du ixe, un homme, un grand homme, un empereur moitié Frank, moitié Allemand, qui essaya d'établir un peu d'ordre dans l'affreuse confusion qui avait été la conséquence de l'invasion et de la conquête; il s'appelait *Charlemagne*. Tant qu'il vécut, tout alla aussi bien que les circonstances le permettaient. Mais, après lui, ce fut le désordre, le chaos, la guerre, une confusion plus grande qu'auparavant et, pour Jacques, une misère plus profonde, un avilissement qui n'a jamais eu d'exemple. Un instant contenus par Charlemagne, ses maîtres, devenus juges et souverains sur leurs domaines, se livrèrent avec plus de fureur à l'oppression et à la spoliation. C'est alors qu'ils se mirent à bâtir des châteaux-forts, ou plutôt des repaires pour y mettre en sûreté le produit de leurs rapines. Ils commencèrent aussi à se faire entre eux, par jalousie, rivalité, vengeance ou orgueil, des guerres continuelles dont Jacques supporta les frais et les conséquences : exactions, incendies, meurtres, pillages, dévastations. La ruine et la désolation devinrent si grandes qu'il crut que la fin du monde allait venir : jamais misère pareille à la sienne ne s'était vue sur la terre.

On était alors près de l'an 1000. Toutes les existences étaient sombres, barbares, misérables, tout mouvement arrêté; les pestes et les famines désolaient l'Europe entière, l'avenir lui-même semblait perdu.

Tous les malheurs tombaient donc à la fois sur Jacques. Jadis il avait dans les membres du clergé

des hommes qui, par charité chrétienne et par pitié
pour ses souffrances, le protégeaient et le consolaient. Mais des barons belliqueux, ignorants, brutaux, avides, étaient parvenus à s'emparer des évê-
chés et des abbayes. « Plusieurs sont mariés et
« transmettent leurs dignités et leurs domaines
« ecclésiastiques à leurs enfants, ou bien les donnent
« en dot à leurs filles ou en douaire à leurs femmes;
« l'hérédité s'empare de la société ecclésiastique :
« c'est une nouvelle invasion de la barbarie.
« L'église perd sa force morale et devient, comme
« la société civile, matérielle, violente, sanguinaire.
« Plus de conciles, d'instruction religieuse, de dis-
« cipline. Les prêtres ont l'épée à la main; ils
« pillent sur les routes, tiennent auberge dans les
« églises, s'entourent de femmes de mauvaise vie.
« L'avenir de l'Église semble perdu (1). » Personne
ne songeait donc plus à Jacques; il se crut abandonné de Dieu même.

On eût pu penser que c'en était fait de la société
en France, et que la féodalité, triomphe de la force
brutale, allait tout anéantir. Il n'en fut rien. Au
contraire, c'est de cette époque, de ce *siècle de fer*,
que date un mouvement de réaction qui a pour but
d'attaquer et de détruire le régime féodal, mouvement qui dura huit siècles et ne finit qu'à la Révolution française. L'initiative vint même des campagnes qui songèrent, avant les villes, à secouer le
le joug qui les écrasait.

En ce temps là, les paysans normands se mirent

---

(1) Th. Lavallée, *Histoire des Français*, t. Ier, p. 227. M. La-
vallée renvoie aux ouvrages suivants : *Spicilegium*, t. Ier, p. 423.
— *Histoire de la Bretagne*, par Lobineau. — Voigt, *Histoire de
Grégoire VII.*

à faire des réflexions qui, certes, ne manquaient pas de bon sens : « Les seigneurs ne nous font que du « mal ; nous ne pouvons avoir d'eux raison ni jus- « tice, disaient-ils. Ils nous prennent tout, nous « mangent tout, et nous font vivre en pauvreté et « douleur. Nous avons pourtant des bras aussi forts « que les leurs, la même taille, les mêmes mem- « bres. Il ne nous manque que du courage, car « nous sommes cent contre un, et si nous voulions « nous unir et nous aider, que deviendraient-ils ? » Je tiens là la première racine de la Révolution fran- çaise. Je signale en même temps à M. Veuillot les réflexions des paysans normands ; il n'en accusera pas Luther, Voltaire, Rousseau, les libres-penseurs et les positivistes.

Je reviens à mon sujet.

Les paysans de Normandie se réunirent donc un jour en assemblée générale et résolurent de secouer le joug des seigneurs. A la nouvelle que leurs vilains remuaient et songeaient à se donner des lois parti- culières, les barons se couvrirent de leurs armures de fer, et, montés sur leurs grands chevaux de bataille, commencèrent une horrible chasse aux hommes. Ils tuèrent d'abord tous les paysans qui leur tombèrent sous la main. Quant aux prisonniers, ils leur infligèrent des supplices divers. Les uns eurent les yeux crevés, les poings coupés ou les jarrets brûlés ; les autres furent empalés ou cuits à petit feu et arrosés de plomb fondu : quelques-uns seulement furent relâchés, mais à demi mutilés, afin qu'ils allassent détourner leurs semblables de « pareilles entreprises. » Les seigneurs, on le voit, ne plaisantaient point du tout, et ces précoces *terro- ristes* mettaient dans les supplices une variété et des raffinements inconnus de nos jours...

Pour prouver que les pauvres paysans ne se plaignaient pas d'aise, je ne ferai que quelques citations prises entre cent. « *On épuiserait tous les* « *chiffres de l'arithmétique*, écrit un auteur, *sans* « *pouvoir nombrer leurs peines, leurs tracas, leurs* « *fatigues* » (1). — « *Leur seigneur*, dit l'autre, « *peut leur prendre tout ce qu'ils ont, et les corps* « *tenir en prison quand il veut, soit à tort, soit à* « *droit, sans qu'il soit obligé d'en répondre à per-* « *sonne, excepté à Dieu* » (2). — « *Cet homme est* « *à moi*, disait le gentilhomme, d'après les *Coutumes* « *d'Amiens, j'ai le droit de le bouillir et de le* « *rôtir* » (3). Un moine, témoin oculaire des misères populaires, rapporte qu'à une époque « *les souf-* « *frances furent si grandes qu'elles firent cesser jus-* « *qu'aux rapines des puissants* » (4).

Qu'on vienne dire maintenant, comme l'ont prétendu des écrivains, que le régime féodal était un gouvernement admirable, régulier, patriarcal. Certes, je ne prétends pas que tout ait été absolument mauvais : je sais qu'il a amené la fixité dans les situations et les conditions sociales, développé le respect pour les femmes et mis de l'unité dans les idées, les sentiments et les langues. Mais je soutiens qu'il a été surtout et par dessus tout la domination du fort sur le faible, l'oppression des descendants des

(1) Adalbéron, évêque de Laon.
(2) Beaumanoir.
(3) Bouthors.
(4) Raoul Glaber. — Un écrivain catholique avoue que le régime féodal « a creusé des abîmes de corruption et d'égoïsme. « Avec les écrits des grands saints du moyen âge, a-t-il dit, je « me charge de tracer de n'importe quel siècle, entre le viiᵉ et « le xiiiᵉ, un tableau non moins lamentable que celui des siècles « précédents. » (De Montalembert, *Discours au congrès de Ma-lines.*)

Franks écrasant les descendants des vaincus de l'invasion, et, sous le double rapport social et politique, radicalement mauvais. J'ai de mon opinion un garant dont personne ne saurait récuser l'autorité : c'est M. Guizot, le plus grave de nos historiens. « Dans les temps modernes, écrit-il, quelques « hommes d'esprit ont tenté de réhabiliter la féo- « dalité comme un système social; ils ont voulu y « voir un état légal, réglé, progressif ; ils s'en sont « fait un âge d'or. Demandez-leur où ils le placent; « sommez-les de lui assigner un lieu, un temps; ils « n'y réussiront point : c'est une utopie sans date, « un drame dans lequel on ne trouve, dans le passé, « ni théâtre ni acteur... La féodalité n'a pu fonder « ni ordre légal, ni garanties politiques... La forme « féodale, radicalement mauvaise en soi, ne pou- « vait ni se régulariser, ni s'étendre : sa nature « même repoussait l'ordre et la légalité... Elle était « la société des vainqueurs, des maîtres du pouvoir « et du sol » (1). Les conséquences de la conquête franque pesaient toujours sur les descendants des vaincus du Ve siècle.

La condition de Jacques resta donc misérable dans tout le cours des Xe, XIe et XIIe siècles, exposée aux caprices de ses maîtres qui n'avaient, au fond, que leur volonté pour règle.

(1) *Hist. de la civil. en Fr.* et *Hist. de la civil. en Europe.*

CHAPITRE II

Deux choses seulement, la religion et la langue,
étaient, au XIe siècle, communes à Jacques et à ses
maîtres. On sait ce qu'était la religion. Quant à la
langue, voici en deux mots son origine et son histoire jusqu'à l'origine qui nous occupe.

Les Gaulois, nos ancêtres, apprirent facilement le
latin, non le latin classique, mais un latin modifié
par des contractions et des assourdissements, auquel
ils mêlaient des mots celtiques, puis, après l'invasion,
près d'un dixième de mots allemands revêtus d'une
terminaison latine. Ainsi, au VIe siècle, le parler des
Gaulois n'était ni du franck, ni du bourguignon, ni
de l'allemand, mais du latin déformé qu'au VIIe siècle
on appelait *lingua romana rustica* (latin des paysans).
Au IXe, cette langue nouvelle est devenue d'un usage
si général que l'Église, dans les conciles de Tours,
de Reims, de Strasbourg et d'Arles, impose au
clergé l'étude du parler vulgaire et lui ordonne de
l'employer pour la prédication. C'est en langue
romane que l'un des fils de Louis le Débonnaire
prête le fameux *serment de Strasbourg* (842). Au

siècle suivant, lorsque Rollon, duc des Normands, jure fidélité au roi de France et commence la formule du serment par les deux mots germaniques *by Got* (par Dieu), toute l'assemblée éclate de rire : personne ne comprend plus l'allemand. Le roi de France, Hugues Capet, ne sait que le roman, et il lui faut un interprète pour pouvoir s'entendre avec l'empereur d'Allemagne Othon, qui, lui, ne sait que le latin et l'allemand.

Plus tard le roman, d'où sortit la langue française, se divisera en deux grands dialectes, pour former au midi la *langue d'oc*, au nord la *langue d'oïl*, et cette dernière se divise elle-même en quatre dialectes : le picard, le normand, le bourguignon et celui de l'Ile-de-France, auquel des influences politiques et administratives donneront, au xive siècle, la prépondérance sur les autres. C'est de ces dialectes que descendent les patois. Or, les dialectes descendant du latin, et n'étant nullement du français corrompu, il en résulte que le patois de Jacques remonte jusqu'au latin qui en constitue la source, faits très-curieux qui n'ont pas encore été vulgarisés, bien qu'ils prouvent que notre belle langue est originaire des campagnes plutôt que des villes, et que ce sont les ancêtres de Jacques qui ont fourni le fondement et le lien de la nationalité française (1).

Faut-il croire, d'après le tableau de ses souffrances et de ses tribulations, qu'il n'y ait eu pour lui aucun progrès du vie au xiie siècle ? Non. Sa condition d'existence matérielle était misérable, parce qu'il

---

(1) « Dès le xe siècle, la nationalité française est consacrée par « les progrès du français, puisqu'un peuple n'est lui-même que « du jour où il possède en propre un langage. » (Aug. Brachet, *Hist. de la langue française.*)

était exposé aux violences, aux brutalités, aux exactions de maîtres avides et impitoyables; mais sa condition morale s'était élevée. Au viiie siècle, les serfs pouvaient être distribués, comme un bétail, sur le domaine du seigneur, transférés d'une portion de terre à l'autre, réunis dans la même case ou séparés l'un de l'autre, selon les convenances du maître, sans égard aux liens de parenté, s'il en existait entre eux. Au xe siècle, ils sont tous casés par familles; leur cabane et le terrain qui l'avoisine sont devenus pour eux un *héritage* (1). L'isolement de la servitude a cessé et se trouve remplacé par l'esprit de famille, fondement et commencement de toute société civile. Le serf n'est plus la propriété directe de l'homme; il appartient à la terre et ne peut plus en être détaché; il a un nom, une famille, une existence civile et religieuse : c'est un homme de condition inférieure, il est vrai, mais ce n'est plus, comme l'esclave antique, une bête de somme, une *chose*. Aussi, malgré les misères de la vie des serfs, l'esclavage de la glèbe fut-il un véritable progrès : la servitude romaine avait détruit la population ; la servitude féodale la fit renaître nombreuse, forte, ayant le sentiment de la dignité humaine. Inutile d'ajouter que ce progrès venait non des institutions féodales, mais des idées que le christianisme avait apportées sur la terre en proclamant que tous les hommes sont égaux devant *le Père qui est aux cieux*, en relevant la dignité de la femme, en développant l'esprit de famille et en sanctifiant le mariage.

(1) Les paysans picards appellent encore *héritage* un terrain propre à bâtir et situé dans le village, près des maisons ou des granges.

Au XIIe siècle, Jacques apprit des nouvelles qui lui semblèrent un rêve, mais qui le réjouirent beaucoup et lui donnèrent quelque espérance pour l'avenir. Les habitants des villes se révoltaient contre leurs seigneurs etobtenaient, soit à prix d'argent, soit par la force des armes, des franchises, des libertés, des droits, des garanties pour les personnes, le travail, l'industrie, le commerce, la propriété. Grâce à l'établissement des communes, les bourgeois ne payaient plus qu'une fois l'an à leur seigneur les redevances qu'ils lui devaient, et se trouvaient délivrés de toute exaction, de toute amende illégale, de toute taxe arbitraire. Ils avaient leurs magistrats, leurs juges, leurs assemblées où se débattaient leurs intérêts, leur milice armée pour défendre leurs droits et repousser toute violence. L'établissement de la commune de Laon fit même assez de bruit pour que Jacques entendit raconter ce qui suit :

Laon avait pour seigneur son propre évêque appelé Gaudry : ce qui n'empêchait nullement, au rapport d'un chroniqueur ecclésiastique, qu'on n'y courût toujours le risque d'y *être arrêté, emprisonné ou assassiné* (1). En l'absence de l'évêque, parti en Angleterre, les clercs vendirent aux habitants le droit d'établir une commune sur le modèle de celle de Noyon. Revenu de son voyage, Gaudry s'irrita, ou, en fin normand qu'il était. fit semblant de s'irriter : une bonne somme d'argent apaisa facilement

(1) « Solum restabat aut distrahi, aut capi, aut cdiæ, » (Ex Hist. Guib., abb. de Novig. apud script.)

« Les vexations des seigneurs sur les habitants des villes, a « écrit M. Guizot, étaient quotidiennes. souvent atroces, prodi-« gieusement irritantes : la sécurité manquait encore plus que « la liberté. » *(Hist. de la civil. en Fr.*, t. IV, p. 207.)

son courroux. Mais quand la somme fut dépensée, il regretta son ancien droit d'imposer des taxes extraordinaires et prétendit détruire la commune qu'il avait accordée et jurée. Il s'occupait déjà d'une contribution à établir. quand une révolte terrible éclate aux cris : *Commune! Commune!* Les bourgeois en armes investissent son palais, l'emportent d'assaut malgré la résistance des nobles accourus à son secours, cherchent partout Gaudry et ravagent sa demeure. Un serf le découvre dans un tonneau, le fait sortir de sa cachette à coups de bâton et l'amène à la foule furieuse qui l'assomme, le jette dans un coin et l'accable de boue et de malédictions.

Le meurtre de Gaudry était un crime affreux. Les bourgeois le comprirent quand leur exaspération fut calmée, et, craignant la colère du roi, cherchèrent partout du secours; mais, n'en ayant point trouvé, ils prirent le parti d'abandonner leur ville que les nobles envahirent aussitôt et où ils se livrèrent au pillage, à la dévastation, à une sanglante vengeance. Appelé par le clergé aux abois, Louis le Gros vint à Laon pour tâcher d'apaiser les passions et la fureur des deux partis. Une messe fut célébrée pour le repos des âmes des victimes de cette sanglante révolution et de l'atroce réaction qui l'avait suivie. L'archevêque de Reims prononça même un discours pour engager les Laonnais à obéir à leur seigneur évêque. J'ai lieu de croire que les exhortations firent peu d'effet sur l'esprit des bourgeois, car les troubles recommencèrent bientôt, et le parti populaire reprit tellement le dessus et la poursuite de ses desseins dans le but d'affranchir les personnes, le travail et l'industrie, que, seize ans après le meurtre de Gaudry, le nouvel évêque était obligé de laisser rétablir sur ses anciennes bases la

commune constituée et détruite au prix de tant de
sang, de sacrifices et de ruines.

« Violent ou paisible, l'établissement des com-
« munes était non-seulement une révolution, mais
« le germe d'une série de révolutions destinées à
« renverser de fond en comble la société féodale.
« Les communes sont l'origine du monde social des
« temps modernes. La loi écrite reprend son em-
« pire. La bourgeoisie, nation nouvelle dont les
« mœurs sont l'égalité civile et l'indépendance dans
« le travail, s'élève entre la noblesse et le ser-
« vage » (1). Ses instincts novateurs, son activité,
les capitaux qu'elle accumule, sont une force qui
réagit de mille manières contre la puissance des
possesseurs du sol : le Tiers-État qui fera 89 est
né...

Jacques ne compritpas et ne pouvait même pas
comprendre tout cela. Il ne voyait qu'une chose : les
villes s'affranchissaient et la puissance des seigneurs
était amoindrie. « Le tour des campagnes viendra, »
se disait-il. Il avait raison ; mais leur tour ne devait
venir que six cents ans après, parce que le sort et
la condition des paysans dépendaient du régime de
la propriété ; qu'un changement dans ce régime
présentait d'immenses obstacles à surmonter, et que
toute révolution rapide était impossible.

D'autres nouvelles parvinrent aussi aux oreilles
de Jacques. Il apprit qu'il y avait à Paris un homme
se qualifiant roi de France, lequel songeait à répri-
mer les brigandages des seigneurs, à veiller à la
sécurité des voyageurs, à la tranquillité des pauvres,
des artisans et des laboureurs : il s'agissait de Louis

____

(1) Aug. Thierry, *Hist. du Tiers-État,* p. 21.

le Gros, qui était toujours par vaux et par chemins
avec une petite troupe de chevaliers, pour mettre
l'ordre partout, et montrer que « l'efficacité du pou-
« voir royal n'est point renfermée dans les limites
« de certains lieux, mais s'étend sur tout le territoire
« de la France. » Bientôt même le nom et la renommée d'un autre roi furent connus de Jacques : il
s'agissait de Louis IX. Prince pieux et ferme, ennemi déclaré des guerres privées qui ruinaient l'a-
griculture, il voulait, disait-on, « ôter tout empêche-
« ment aux charrues. » Il aimait tellement la justice
que « maintes fois en esté il alloit seoir au bois de
« Vincennes après la messe, et se accotoyoit à un chesne,
« et tous ceux qui avoient affaire venoient à lui sans
« huissier ni autre. »

Saint Louis condamnait de hauts barons à de
fortes amendes, les châtiait quand ils méfaisaient,
mettait partout des prévôts pour veiller à l'ordre
public, à la bonne administration de la justice, à la
sûreté des laboureurs. Jacques espéra plus que
jamais. Il voyait s'opérer des défrichements considérables, les villes s'agrandir, le commerce et l'industrie se développer, les chemins devenir plus sûrs,
le brigandage moins fréquent : il y eut donc un
temps d'arrêt dans ses souffrances séculaires. C'est
de cette époque, et surtout du roi qui fut un saint
et grand homme, que date son attachement à la
royauté : il n'a jamais été ingrat. Il se hâta même,
quand il le put, de se déclarer *sujet du roi*. Il y avait,
dans cette conduite, un motif d'intérêt privé, mais
il faut y reconnaître aussi le noble et louable sentiment de la reconnaissance.

Après saint Louis, la royauté perd son caractère
de *justice de paix* du royaume, tend à l'absolutisme
et travaille à la destruction des communes. Mais,

comme elle n'a rien à craindre de la bourgeoisie et tout à espérer de son esprit d'ordre et d'administration, elle lui donne, en échange de son indépendance communale, le bien-être matériel et la paix, tire de son sein ses juristes dévoués et ses agents civils, l'associe ainsi au pouvoir, accroît sa prospérité et satisfait sa modeste ambition. La bourgeoisie acquiert de la considération et de l'influence : le Tiers-État monte...

Quant à Jacques, aucun roi ne pense plus à lui : ils sont trop occupés à se quereller avec les papes, à dépouiller les Juifs. à brûler les Templiers, à faire de fausses monnaies ou à les altérer...

Au xive siècle, Jacques en est toujours à l'espérance.

Il n'y avait qu'une seule chose qui ne lui fît point défaut : les qualifications indiquant ses titres de misère et d'avilissement. On l'appelait *villain*, *roturier* (*rupturarius*, rompeur de terre, défricheur), *serf coutumier*, *serf de la glèbe*, *serf de poote*, *serf de corps*, *serf taillable haut et bas*, *mainmortable. rustique*, *massier*, *vendable*, *censier*, *donné*, *corvéable*, *abonné*, *chartulé*, etc., etc... Les seigneurs avaient mis des droits sur la vie, la mort, la terre. les fruits, les maisons, les ponts, les contrats, les héritages : un auteur en a compté quatre-vingt-dix-sept relatifs seulement à la propriété. Les corvées lui prenaient le plus beau de son temps ; il labourait les terres de son maître, façonnait ses vignes, rentrait ses récoltes, faisait ses chemins ou les réparait, curait ses étangs, battait parfois les douves du château pour empêcher les grenouilles de troubler le sommeil de son seigneur... J'ajoute qu'il y avait, en France, quatre-vingts à cent mille prisons seigneuriales à son usage exclusif, et que ces prisons étaient creusées, comme des puits, en dessous de la région du jour et de l'air.

Des événements étrangers aux rigueurs du régime féodal viennent bientôt aggraver encore la situation de Jacques. La guerre et tous les maux qui en sont la conséquence s'abattent sur la France. Les Anglais ravagent les provinces, et, avec leur infanterie composée des Jacques de leur pays, battent les nobles chevaliers en toutes rencontres, à Crécy (1346), à Poitiers (1356), et les font prisonniers. Jacques paya la rançon de ses maîtres ; ils lui prirent ses chevaux, ses charrues, ses vivres, ses vêtements ; le fouet, les cachots, les tortures lui extorquèrent son dernier denier. Le malheureux dépouillé, ruiné, mourant de faim, demi-nu, se sauvait dans les bois et y creusait des retraites pour y cacher sa femme, ses enfants, ce qu'il avait pu ravir de son bétail à la rapacité des seigneurs. Je puis montrer à qui le voudra, dans le bois de mon village, deux grandes excavations qui ont servi à cet usage : l'une s'appelle encore la *fosse aux chevaux*, l'autre la *fosse à gleines* (*gleine* vient du mot latin *gallina*, poule). Parfois aussi il se réfugiait, le jour, sur une barque, au milieu d'un fleuve, et ne remettait le pied sur la terre que quand les ténèbres, son seul refuge, le protégeaient contre ses maîtres impitoyables.

Ce ne fut pas tout.

A la spoliation se joignit bientôt l'amère et cruelle dérision. Les nobles, riant de lui, l'appelaient *Bonhomme*. Lorsqu'ils lui avaient pris ses bestiaux, ses récoltes, ils exigeaient encore de l'argent et disaient en plaisantant : « *Bonhomme crie, mais Bonhomme* « *paiera*. » Quand Bonhomme vit qu'on insultait à sa détresse ; que la France était envahie, vaincue, pillée, humiliée ; que les nobles se laissaient battre en toute rencontre, (1) il devint fou de douleur et de rage, poussa un cri de fureur et se précipita sur ses maîtres : ce n'était plus un homme, mais une bête féroce. Ce qu'il fit fut horrible. Il détruisit ou incendia des châteaux, tua des vieillards, brûla des enfants, viola des femmes ; il voulait exterminer la noblesse et se venger en un jour des souffrances de dix siècles.

Tout d'abord les seigneurs, qui ne s'y attendaient nullement, furent épouvantés de cette révolte ; mais ils se reconnurent vite et se réunirent pour l'étouffer. Inutile de dire qu'ils en vinrent facilement à bout, commirent des atrocités aussi grandes que celles de Jacques et lui rendirent dix fois la pareille (2). Cet accès de colère et de fureur ne pouvait rien changer à ses conditions d'existence : le malheureux fut obligé de payer, comme par le passé, la dîme au clergé, les redevances aux seigneurs, les impôts au roi. Après les vengeances de la noblesse survinrent les ravages des *Grandes Compagnies*. Des bandes d'aventuriers avides et féroces, *Houspilleurs*, *Tondeurs*,

(1) « Le cri de la France plébéienne : « Les nobles déshono-
« rent et trahissent le royaume » devint, sous les chaumières,
« un signal d'émeute pour l'extermination des gentilshommes...
« Malgré les actes de barbarie des paysans révoltés, presque
« partout la population urbaine sympathisait avec eux..... Beau-
« vais, Senlis, Amiens, Paris et Meaux acceptèrent leur alliance. »
(Aug. Thierry. *Tiers-État*, p. 41.)

(2) Les nobles furent aussi impitoyables que les *Jacques* révoltés. Ils en tuèrent, à la première bataille, plus de 7,000, puis
de tous côtés, en différentes rencontres, 27,000, et enfin 3,000
près de Montdidier, c'est-à-dire, en tout, 37,000. Ces nobles ne
dédaignèrent pas de ravager les campagnes et d'incendier les
chaumières. « Si grand mal fut fait par eux, qu'il n'était pas
« besoin des Anglais pour détruire le pays; car, en vérité, les
« Anglais, ennemis du royaume' n'eussent pas pu faire ce que
« firent ces nobles ». (Continuateur de Guill. de Nangis.)

Écorcheurs, occupèrent des provinces entières, pillant sur les routes et dans les campagnes, brûlant les chaumières, torturant les paysans. Jacques voyait la terre rester sans culture, la famine et la peste faire d'affreux ravages : il crut encore une fois que la fin du monde allait venir.

Le xive siècle, si agité, si troublé, si misérable, ne se passa pourtant point sans laisser quelque trace de progrès et d'amélioration. Le régime municipal plus ou moins complet s'établit dans beaucoup de villages qui devinrent dès lors des communes. Les seigneurs, tantôt par l'effroi que leur avait inspiré la révolte des paysans, tantôt par intérêt personnel, parfois aussi par pitié chrétienne, accordèrent l'affranchissement aux serfs, assez souvent même l'affranchissement collectif à des villages. Mais ni l'établissement des communes, ni l'affranchissement n'amenèrent pour les classes agricoles cette unité d'état civil qui existait pour la bourgeoisie dans tout le royaume, et les paysans, par suite du régime de la propriété féodale, restèrent toujours attachés au domaine par quelque lien et soumis à la juridiction seigneuriale : ils étaient donc encore exposés aux caprices de leurs maîtres, surtout à leurs exactions, et les conséquences de l'invasion et de la conquête pesaient toujours sur les descendants des malheureux vaincus du ve siècle.

Les premières années du xve siècle sont, pour la France, une époque triste et sombre. Le roi est fou : abandonné de tous, même de sa femme, il végète à Paris dans son hôtel Saint-Pol, sans vivres, sans feu, sans habits, sans soins. Les factions des ducs d'Orléans et de Bourgogne déchirent le royaume : ces princes établissent des impôts exorbitants, pillent le Trésor, se font des guerres atroces mêlées d'assassinats et de barbaries abominables. Le dauphin meurt épuisé de débauches et est remplacé par son frère : un enfant de quatorze ans va gouverner ! Les Anglais envahissent la France et nous infligent à Azincourt (1415) un épouvantable désastre. Il faut venir jusqu'au règne de Napoléon III pour trouver pareille ineptie... Henri V, roi d'Angleterre, est proclamé solennellement roi de France, et cela du consentement des États-Généraux (1420). Les seigneurs et les grands sont devenus plus Anglais que Français. Le dauphin, enseveli dans l'indolence, donne des fêtes, recule devant les Anglais et songe même à se réfugier dans le Midi, tandis que l'ennemi avance toujours et assiége Orléans, le dernier boulevard de la France.

Jacques avait supporté un roi fou ; il ne put supporter l'idée d'avoir un roi anglais. Il fut saisi d'une émotion de pitié profonde pour la France et d'un mouvement de colère contre la noblesse qui ne savait plus qu'être vaincue. Il tint des propos étranges, accusa les seigneurs, les évêques et les bourgeois de lâcheté et de trahison : on crut qu'il allait devenir fou comme le roi Charles VI. Un jour, sa fille, une pieuse et sainte fille — elle s'appelait Jeanne — s'approcha de lui, lui parla de la France vaincue, avilie, trahie comme Jésus-Christ par Judas, lui dit qu'elle avait des visions et ajouta : « *Ni* « *roi, ni duc, ni prince, ni aucun autre ne peut* « *sauver la France ; il n'y a de secours qu'en moi. Il* « *faut qu'avant la mi-carême je sois près du roi,* « *dussé-je, pour m'y rendre, user mes jambes jusqu'aux* « *genoux.* »

Jacques tressaillit, il eut comme une révélation de l'avenir et permit à Jeanne d'aller trouver le roi. Elle partit, et après avoir fait cent cinquante lieues à travers mille bandes d'aventuriers qui couraient le pays, arriva à la cour. Les nobles qui étaient là se mirent à rire, à plaisanter et eussent insulté la Pucelle — c'est ainsi qu'elle se nommait elle-même, — si leurs dames ne les avaient retenus. Jeanne ne s'émut ni ne se troubla, vit le roi et lui dit : « *Dieu a pitié de vous, de votre royaume et de votre peuple.* » Et « Elle traita merveilleusement des manières de « faire vider les Anglais hors du royaume, dont le roi « et tout son conseil furent émerveillés, car elle étoit « simple en toutes ses manières. » Cependant sa renommée se répandit dans le royaume; le cœur de la France battit d'espoir et de confiance, le peuple se sentit renaître, se reconnut dans l'héroïque Pucelle qu'il nommait *la fille au grand cœur.* Les Anglais, voyant l'esprit national s'éveiller, furent saisis de terreur, et la confiance passa de leur camp dans celui des Français. Alors Jeanne se rend à l'armée, relève les courages, remet l'ordre dans cette troupe de soldats brutaux et licencieux, entre à Orléans, bat partout les Anglais, conduit le roi à Reims et l'y fait sacrer le lendemain (17 juillet 1429); la fille de Jacques avait sauvé la France...

Un an après, Jeanne tomba aux mains du sire de Luxembourg, qui la vendit aux Anglais. Accusée d'impiété, de sorcellerie et de mensonge par l'évêque de Beauvais, l'infâme Cauchon, vendu, lui, volontairement aux Anglais, elle fut condamnée à mort et brûlée vive sur la place du marché de Rouen, sans que le roi de France essayât même une démarche pour sauver du dernier supplice l'héroïque paysanne qui lui avait rendu son royaume...

Le dévouement de la Pucelle avait donné un spectacle nouveau et sans exemple. L'amour de la patrie était né dans le peuple, la volonté de s'unir et de tout souffrir pour la délivrer avait remonté des derniers rangs jusque dans les hautes classes de la société; la guerre avait été nationale; le salut était venu des faibles, des méprisés, des opprimés, des descendants des esclaves, cela ne s'était jamais vu dans le monde.

Aussi le temps qui suit la délivrance nationale marque-t-il une époque de renaissance et de rénovation. Aux demandes des Etats-Généraux, insistant pour faire cesser les pillages et les cruautés des gens de guerre, proposant la formation d'une armée régulière et offrant pour cela un impôt perpétuel de 1,200,000 livres, le roi répond par l'ordonnance de 1439, qui attribue au roi seul le droit de nommer les capitaines et d'assembler les soldats, interdit à ceux-ci de maltraiter les campagnes, de rançonner les personnes, d'endommager les biens, maisons, blés, récoltes, rend les capitaines responsables des délits, et permet aux paysans de courir sus aux pillards. Rien de pareil n'avait été entrepris depuis dix siècles. C'était l'armée rendue permanente, le pouvoir civil placé au-dessus de la force matérielle, la royauté ayant à ses ordres deux forces immenses : l'impôt et des troupes pour assurer l'ordre intérieur et maintenir l'indépendance nationale. Aux plaintes des nobles et des grands dont l'ordre ne faisait nullement l'affaire, le roi répond en admettant les milices des villes dans son armée, en prenant ses conseillers ordinaires dans la bourgeoisie, un négociant, Jacques Cœur, pour son premier ministre; un roturier, un homme de robe, Jean Bureau, pour son grand maître de l'artillerie. L'ordre revenait dans les finances ; noblesse baissait, la bourgeoisie montait, Jacques respirait. Il voyait les marchands « commencer de divers lieux à traverser

« de pays à autres et à faire leur négoce... Pareille-
« lement les laboureurs et autres gens s'efforçoient
« à réédifier les maisons, à essarter leurs terres,
« vignes et jardinages. Il semblait aux laboureurs
« et aux marchands, qui si longtemps avoient été
« en grandes tribulations, que Dieu les eust pour-
« vus de sa miséricorde. Et faisoit-on de grandes
« chères et festes partout sur cette sainte et bien-
« heurée saison de paix. » La royauté était devenue
pour ainsi dire absolue, et le roi Charles VII vivait,
même en sa vieillesse, « assez luxurieusement et
« trop charnellement entre femmes mal renommées
« dont sa maison était pleine. » Mais qu'importait à
Jacques? Il avait un bien dont il jouissait pour la
première fois depuis mille ans : la paix. Il payait
toujours la dîme au clergé, des redevances féodales
aux seigneurs, des impôts — impôts très-lourds —
au roi : mais il était tranquille dans sa chaumière,
et ne se voyait plus volé, pillé, maltraité par des
aventuriers, des gens d'armes et le premier soudard
venu.

FIN DE LA PREMIÈRE PARTIE

Imp. Moderne (Barthier, D^r), rue J.-J.-Rousseau, 61